AF489923

ديوان

الفاتورة

الفاتورة	:	كتاب
نورا عايد	:	اسم المؤلف
ديوان	:	نوع العمل
110	:	عدد الصفحات
يوسف السيد	:	غلاف
قمر الخطيب	:	تدقيق لغوي
بدر صبحى	:	إخراج فني
2024/33514	:	رقم إيداع
978-977-8837-99-5	:	رقم دولى I.S.B.N

نبض القمة للترجمة

جمهورية مصر العربية - القاهرة

مدير الدار: أ/ وليد عاطف حسني

موبايل: 01116058384

الميل: nabdalqima@gmail.com

ديوان

الفاتورة

نورا عايد

حتى الأحزان.. ليها ضريبة.

للعشمانين في اللقُا

والمهزومين مِ الشوق

والسرحانين في السما

وكأن روحهم فوق!

للشُعرا، وغيرهم..

علشان أكون منصفة

لصحاب عيون الفلسفة

لـ الأرصفة

ورصيد حياتنا اللي اتسرق

ولكل حد في بر صابه الغرق..

ولكل واحد عاش بيدفع بس!

تمن السعادة

والحياة

والانجازات

تمن المشاعر

والعشم، وكتير حاجات..

تمن الجِميل والحلو، والخير، والأمان..

ولكل واحد مات عشان..

ملقاش مكان

ولا حتى حد

ولكل دمعة تبان هزار ووجعها جد

ولكل دور.. فاتني ومجاش

ولكل مرة دفعت قلب وراح بلاش

ولكل صرخة كتمتها ومطلعش صوت..

للشعر..

ثم الشعر..

ثم الموت!

إهداء...

للعائلة أولًا وقبل كل شيء..

ولمن أهدتني إياه الأيام وجبرني به القدر، واختاره الله ليذيقني معه حلو ما تبقى من العمر، وأنساني به قسوة ما مر من قبل.

لـ " زياد"

من التقطني حينما هوت بي الدنيا، وأخذ لي منها كل ما تمنيت.

لـ الأصدقاء.. مَن!

دون اسماء، فتلك العادة كل عام تذكرني بأنه لم يبقى منهم أحد، لذلك؛ للأصدقاء هكذا، مَن يعرفهم قلبي حتى وإن غابوا.

المفتتح

لـ صحاب عيون الفلسفة

علشان يكونوا مدركين الوضع إيه.

الفلسفة بتقول

دغدغ ضلوعي الحزن ومسماش!

والليل بإيده الطايشة قام عاصر ضلوعي

والذكريات حايمين في صدر التجربة

والوقت جلاد مِ اللي قلبه حديد

والتجربة.. بتحيد

وتسيب طريقي عشان..!

نفس النتايج كل مرة

والانتظار لحظاته مُرة وطعمها علقم شديد!

والخوف مصوب عينه على قلبي بهدوء

وإيديه بترعش عَ الزناد

خايف يدوسُه فَـ أموت

ويموت كِدا صاحبه الوحيد

الفلسفة بتقول ولكن؛ إيه المفيد..!

هيفيد بإيه إن قلت

قلبي.. ملوش رجول تدهس طريق الانتصار

أو ملامحي اللي اترسم فيها الغياب

شباك قديم بيطل عَ الليل م النهار

أو إن ضلوعي اللي أنا ربطاهم

طَق لجامهم

أو إن عينيا الحزن لَجمهم

نّزو دموع!

أو إن الليل أبو عين كدابة

ملهوش زوال

أو إن الفجر الغايب.. غايب

ماله طلوع!

ديوان الفاتورة

لو مرة فكر يبقى أقوى!

حزن الرصيف

على إنه متشاف سكة تافهة

رغم إن حضنه حياة ومأوى

ياما داس على ضهره خلق

وعدوا عادي

ياما شاف الموت مِعادي الخلق فوقه

ياما بات غرقان في شوقُه

من دموع المتسابين

حزين

حزن اللي مبيعرفش سِنُّه غير بـ صدمات السنين

ويقيس حياته بالجروح

قلبي الطَموح..

مبقاش يبص لحاجة في الأيام

ولا حتى عاد جواه عشم

أو ضحكة ممزوجة بأمل

الفسلفة قالت كتير

قالت ولكن.. إيه العمل!

من إمتا بنفلسف عياطنا

أو جروحنا

من إمتا كان للفلسفة جانب في بوحنا!

أو قدرنا نصيغ ألمنا بِـ سطر فيها!

للشعر ناسه

وحزنه

وصراحته

للخوف بجاحته وصعب يداريها

والفسلفة تنفع ولكن..

إحنا لينا الشعر واضح

حتى لو هيعري روحنا ما يداريها

كل حاجة وليها ناسها

وإحنا ناس ليهم دموعهم.. أولى بيها.

والسنين.. صعب تجاريها

إلا لو هتشيل في جيبك عُمر سِرقة

خاف لـ يبقى حظي حظك

قلبي جرب مرة يضحك

مات فـ شرقَة!

ديوان الفاتورة

قلبي خايف..

خوف من الخوف الحقيقي!

حزني مِ الحزن اللي عرفاه الخلايق

حزن ينفع أقول صديقي!

شِعري.. بيِّن..

جرحي هيِّن لو هيتدارى فِ قصيدة

والبساطة تكون طريقها

والدموع هتبل ريقها

لو يكون مصاحبها جرحي

والكلام سهل بـ سلاسة

مش غلاسة

وكلكعة

وجري

وصراع

القصيدة هتبقى أبلغ لو قصيدة!

لو مفيش في الشعر لوي دراع..

بسم الله نبدأ..

كل اللي جاي خساير، عيشنا بندفع ثمنها من روحنا وبس.

"مملكش فكرة"

إمبارح

فات عليا الليل مقالش.. سلام

ولا قال يا حنين

ولا نادى ضلوعي تهج لـ برا وردوا أنين

فات عليا بسيط.. وعادي!

أدركت إني فِ الليلادي.. خسرت شيء

يمكن طريق..

بمشيه يوماتي للي فات فِ إيديا ذكرى

يمكن قلق..

متشال في عيني للي جاي وهشوفه بكرة

يمكن.. أنا!

وأنا كنت قبل اللحظة ديَّا إزاي وإيه!

مملكش فكرة

مفتكرش...

كان إن يجيني الليل.. بتوه

وألقى السما بتفرش هزايمي زي سجادة النجوم

وألقى الغيوم بتشيل في جوفها حظي الأسود

والشجر عمال يحدف عيني بِـ الأوراق.. ويطرفها

والبشر عمالة ترميني بـ فراق وبقول.. ظروفها

وانشغال..

أما أنا!

أكبر مثال.. على إن في إنسان بيقدر

يمشي عادي وقلبه في كفوفه!

إنسان يجيه الخوف على الرجلين.. يشوفه!

ويمد إيده للسنين علشان تجرب سَن نابها

تاخده رجليه للهزيمة.. يدق بابها

لو تأخر في الزيارة!

أكبر مثال على إن ملح الدمع عادي يكون مرارة..

وإن قلبي.. معادش نافع

نصبت الأيام مدافع برا سور العيشة ضدّي!

كسّبتني الحرب وِدّي

وأما لفيت ضهري.. خانت

كل عين بصت عليا بخوف مزيف

لما صابني الضعف.. بانت

واكتشفت ساعتها إني...

معادش مني.. غير هزايم

العشم ميجيبش مكسب، العشم بيقل قيمة

ويجي في إيديه الخساير

لما يبقى الحظ جمبك كعب داير..

وأنت مش طايل منابك

لما تسأل يومها مثلًا إيه اللي نابك

غير.. وقوعك!

يجي هو معاه دموعك لجل يديك الأمارة

وهو دا كان حالي فعلًا..

كل مَرة

وكل مُرة

وكل جرح فِ حرب صابني

وكل ندبة فـ أي غارة..

باجي في إيديا الهزيمة..

وآجي بعينيا الحيارىٰ ..

باجي مملكش

إلا قلبي!

وقلبي نفسه أكبر خسارة.

"وجبة عشا"

في المغربية

والشمس لامة طرف توبها بخوف

وبتجري لجل ما تلحق الساعة

قبل الغروب ما يصد بابه فِ وشها ويفوت

الليل... لعوب

وأنا روحي بنت بنوت..

عمال يناغش فيها لجل تحن

قايد وابور الشوق فِ قلبي

والحنين دخانه بيدمع عيوني

حالف عليا الليل مهوش طالل بدوني

كان نفسي أقول..

خليك هناك.. وبلاش تطل!

أنا حالي عال..

وبقيت بخير..

أنا حالي فل!

مبقتش أشتاق

علمني دستور الفراق

إن الوجع عادة..

والوقت خير محاولة للنسيان

لكن كدا

هيحصل إيه لو جه الميلادي وقال

"جعان"

والبرد قارص جتتي

والشمس غابت من زمان

وحدك فِ إيدك فرصتي

عيط أوي!

عيط كمان

دفيلي روحي وزيد عياط

خليني أشوف الـ"آه" من وجعك الخياط

متفصلة بالمللي.. والذكرى!

شاطر أوى قلبك إذا..

حوّش فِ عينه دموع عشان

تنفع تكون وجبة عشا.. لـ بكرة!

ما الليل كدا!

حبة بُكا

ذكرى

وصراع

وصداع لئيم يمسك دماغك

والشوق كدا..

مطاوعتهوش! يكسر ضلوعك.. مش دراعك.

ودي الدنيا

ودي الحالة!

بقيت عالة على الأشواق..

وحمل تقيل على العيشة!

يا طير.. ضايع في سرب حمام

بيجري عشان ملوش ريشة!

ولا عارف يقوم ويطير

وفرق كبير

ما بين الجري والطيران!

ما بين الشوقة والحرمان

ما بين الذكرى والنسيان

ما بين "لازم"

وبين "علشان"

وعيشتك كلها تبرير!

وفرق كبير

ما بين "بكرة" وبين "الأمس"

ما بين "برد الليالي السود"

وبين "ضحكة عيون الشمس"

وبين قلبك

وبين عينك

وبين رجلك في أرض الخوف

وبين جريك على المشاوير..

ما بين الدنيا دي وبينك!

في فرق كبير..

وفي مقارنات.. بدون آخر

الوضع مبكي يا صاحبي

مش ساخر..

بتداري همك في ابتسامة

وتخفي جواك العياط...

عيط عشان..

ميباتش قلبك منقسم

خايف..

جبان!

وتهل ليك الشمس فِـ إيديها الدفا

والحزن.. تلقاه اختفى

والصبح شايل نعمة النسيان

وعشان إذا كملت ليلتك.. تبتسم

هيبات ساعتها الليل.. جعان.

"القلوب البور"

أوقات بدمع..

وإن يسألوني بقول مفيش

حبة هوا ومرّوا في عينيا طرفني رمش

منحرمش.. يديم سؤالكم.

"أوقات كتير بلاقيكوا زيي.. بتكدبوا لو سألوا مالكم"

دا الطبيعي وكلنا شايلين كتير

كلنا راسمين سعادة في ضهرها تأنيب ضمير

كلنا لازم نخبي

ونربط الجرح اللي باين للسنين بقماشة شاش..

وأنا زيكم!

بضحك كتير..

بضحك بجد...

بضحك، في كل دقيقة لو حسيت دموعي!

وجمبي حد!

بضحك عشان ميبانش على شكلي العياط

إن زورتوا اوضتي ابقوا اسألوها..

ديوان الفاتورة

قد إيه الأرض اشتكت..

من دبدبة رجلي العنيدة على البلاط

بصرخ..

وأثور..

وانهزم في الضلمة مش في النور

واطلع على العالم بضحكة!

قادرة تخطف ضي عين الشمس..

بضحك لبكرة... وللي جاي

واضحك عليا وع اللي شوفته الأمس!

مش عارفة أعدي

مليون معاهدة وحل ودي

ما بيني وما بين السنين

وفي كل مرة بترمي ليا الذكرى تتمخطر قصادي!

قربت أعادي العمر كله عشان تغور..

قلت فـ زماني لواحدة معرفهاش

"الوقت دكتور القلوب البور"

كدابة أنا!

بيعدي فيا الوقت ومبنساش

ولا حتى بيخفف أذايا..

ذكريات ملهاش نهاية

كل يوم بتمد أيدها وتيجي تاخد مني حتة

والنهاردة صبحت جتة

دون ملامح

دون حياة!

ويا ألف آه مكتومة فيا وكل يوم بيزيدوا جرح

كل يوم بيزيدني وحدة

حتى وأنا وسط الحبايب

حد سايب حبل عمري للسنين

والسنين سايباه على الغارب

عمال يكر العمر ويعدي فـ ثواني

وأنا لسه من تِلتين حياة واقفة فـ مكاني

عمال يخبط فيا ماضي ملوش كبير!

مش عمالة مين يقدر عليه!

لازم يروح..

لازم يجيني العمر مرة وقلبى صافي!

مفتكرش هزايمي واهرب

وآجي اوضتي عشان بخاف!

الوجع ملهوش عزيز

جاي حالف إنه ياكل قلبي رغم الكسرة.. حاف!

ذكريات لو أبوس أيديها.. بردو قاسية

نفسي أقابل بكرة ناسية

ونفسي يوم تسمحلي أعيش..

أوقات بدمع..

وإن تسالوني المرة دي هبكي.. وأوي!

هبكي بزيادة عشان فشلت النوبة أخبي وأقول مفيش..

جاي حالف إنه ياكل قلبي رغم الكسرة.. حاف!

"نص قلب"

مبقاش في داعي

لا بقيت بنادي على السنين الحلوة ترجع

ولا حتى بطلب م الزمن دا يخف إيده!

مكتب بريدُه في جتتي مَلى الرسايل

مَلى الدروس

لو كنت آلة عديمة الاحساس

ف أنا كل فترة أكيد هتخذلني التروس

ما أهو مش كدا..!

مْبْقاش بنازع في القدر علشان يحن

وألقى الظروف وقفالي نِد

مْبْقاش بشد الضحكة وتسيبني ببرود..

مَبْقاش وجود.. للشعر فِ حكايتي الجديدة

ولا عاد بيجي في حزني يطمن عليا

ولا عاد يطبطب لو يضيق الكون بـ روحي

ولا حتى بيخليني أبوح!

بقاله أيام لأ بيجيني، ولا بقدر أزوره وأروح

ديوان الفاتورة

مفيش داعي

معادش في شيء جديد يتقال

كتبت المعضلات.. سهلة

كتبت من الجروح.. موال

وعيدت وزيدت في الأحوال

وكيف ساءت

وكيف ضاقت على ضلوعي.. قصيدة، وسيبتها تُغتال

ويقتلها الوجع فيا

وينهش جتتي الكتمان!

كأني كمان في صف نايات، نشاز مسموع!

كأن عيوني لو تبكي تِنز هزيمة ليها دموع

وقلبي هناك.. دراع مقطوع، وهَمَّ الدنيا ع التاني

لا أنا قبلاني دي الدنيا، ولا بترفضني أحزاني.

ولا عندي من الأيام

نُص السلام.. لو ضحكت أمي ومرمغت في حنانها كون!

ولا شقشقة رزق البنات أول ما ييجوا للحياة

ولا مال وجاه!

ولا فرحة الشجر اللي صايم كل فجرية بـ ندَاه

وبسافر الطرقات بـ طولي

ويعودلي قلبي بـ نص قلب! مفيش سوى الأحزان معاه..

يا ربنا

إوهبني سطرين ﻣ اللي يدوني الأمل

ويقولوا ليا يا خايبة لأ

لسه ليه الشعر فيكي، مسابش إيدك

أو رماكي

لسه حظك حتى لو بيخون.. معاكي!

أوهبني كل ما ضاع في أملاكي

حزني

وقصيدتي

وضحكتي الصافية

روحي الخفيفة لو تبات حافية

ميزورش كعبي ازاز

أوهبني شعري الخام يا رب! مش مجاز

وإديني من عين الحياة.. إنجاز

واكسر عينيها لو هتلاعبني بـ شماتة

رجعلي أحلامي التلاتة!

وأنت اللي عالم هما إيه

أوهب إيديا ثبات ميهزهاش

والخلق تلمح رعشتي فـ أصعب عليهم

وأبدر فـ عيني النور

واجبر بخاطري يا رب!

اجبر بخاطري عشان صبح مكسور

كوّن في رحمي قصيدة

خلي الخطايا بعيدة

وأجعل حشايا يشيل أول ضناه الشعر

وإن كان ملهوش جناح يطير.. هدّيه دراعي

يا ربنا!

رجعني نور..

أنا لما كنت بـ قوتي كل الكلام دا كان هوا

ومكانش له ولا أي داعي.

"بنت الأبالسة"

فاضت بحور التجربة من جفن عيني

والناس غلابة بيغرقوا على شط رمشي

بضرب بـ إيدي البحر يتشق بـ يميني

تقع الخلايق من عيوني وفجأة تمشي

سجن العيون أصعب كتير من أي حَبسة

فرعون هزايمي وذكرياتي فِ دور منافسة

ذكرى حابسة الدنيا في الشرايين وأنا..!

شرايبني سرداب مَاله آخر..

حزن ساخر..

زي نظرة عيني في الحرمان

زي كسرِة قلب عاشها هَوان

مُت ولا حييت.. يا خلق سِيان

إيه اللي يفرق يعني في رجوعي!

كعبلتني السكة في مطبات ضلوعي

مد إيده الخوف في قلبي؛ كأنه جيب!

قبل حتى ما أقوله عيب..

خد حياتي

إنجازاتي الواضحة؛ فاضحة.. مش جميلة

السنين بعيون كحيلة

لو هيبكي العُمر مرة.. تكون سواد

النهاردة أنا شوفت بيني وبين حياتي

فروق.. بلاد!

امتداد الذكرى من قلبي لـ عينيا

كان يادوب

قد المسافة مِ الصعيد للقاهرة.. الضلمة

الحياة بنت الأبالسة!

حكّموها عليا كانت برضو ظالمة

انكسار الضل واجب لو يحين الليل

انكسار القلب واجع لو أمانُه قَليل

انكسار الضهر أحزن لو يذل الشيل

نن عيني اللي انسرق ضَيُّه..

شاف ساعتها الانكسار الصح

وانكسار العين...مفيش زيه

قلبي طيب.. والبشر أشرار

خوفي عايب قلبي قبل الدار

السنين مش راضية عَ المشوار

والخطاوي معاندة في كعوبي

خبى قلبي العُمر في جيوبي

وأما سَرقُه الوقت؛ سابلي الشيب

والهزايم

والخسارة

والعيون العسلي والنظرات حيارىٰ

بدون قرار..

تقل الخسارة أخف من تُقل النهار

على عين كفيف..

ذُل الهزايم أقوى من ذُل الفقير

علشان رغيف

قلبي اللي قايم فيا بالثورة وهتافها

ذكرى عدت جمبه شافها..

فَ مات ضعيف..

"المساومة"

مكانتش حرب خسرتها وهدت فـ حيلي

مكانوش عينين وانفجروا من صحرِة ملامحي

بعد أما زار وشي الخريف.. وجعلني صلبة

غالبة القساوة على الملامح.. آه

ما أنا أصلي واخدة على القسى

مكانتش أول مرة أقول عايشة!

واضحك بحزن على إن قلبي اتنسى

دلوقتي آخر شيء باقيلي

طول اللسان..

والاعتراض ع الجَفا

الدنيا تشبه مأمورين الأقسام

تعصاها يطبع كفها عَ القفا

وعشان كدا..

آخر محطة في سكتي.. لـ اللاوصول..

قطر المعافرة.. لما شافها اختفى

ورفعلي رايته البيضا فوق.. عَ المزلقان

ورماني عَ القضبان كما عقاب السجاير

الجرح حِجِة كومسري الأحزان

وعشان كدا واخد ملامحي كعب داير

كل أما يلمح ضحكتي! يقطع غرامة

وأنا قلبي مش هايب قيامة

اللي زيي قيامته قامت من زمان!

وإن كان على طول اللسان

مبقاش يجيب حق الجروح والضرب

ولا حتى بيرجع سعادتي

مبقتش بدخل حرب بـ إرادتي

بدخلها غصب من السنين السود

وإن كان على الـ "لأ" ف الكلام

مبقاش لـ حق الاعتراض أصلًا وجود

بقبل وبس

الحزن مَس

وجتتي مفيهاش مقاومة!

وإن كان على حلول المساومة..

حد زيي حيلته إيه!

حد زيي ملوش سوىٰ قلبه الورق

ديوان الفاتورة

هتساوم الأحزان عليه!

ويطير إذا هب الهوى وشالُه

رزق الفقير

الضحكة لعياله

وأنا قلبي واقف يشحت الضحكة لعينيا

مملكش حاجة إلا سوء الحظ

والدنيا بنت حرام وقاسية

ماسكة فـ إيديها فرصتي

وبتساوم الأيام عليا.

"اخر مرة"

الليلة أحزن من عينيا في وقت شوق!

وعشان مفيش في إيديا أبوح..

بكتب كدا..

تايهة

وكأن طريقي اللي أنا عرفاه..

ضل خُطايا..

وكأن الخوف شافني.. وحشته

وبات ويايا

وكأني.. كأني

بجد بموت!

في عياط جوايا لكن.. كتماه

علشان مش حمل إني أسمع صوت!

ولا قادرة أتنفس بالمرة!

وكأني مشيت ومشيت ومشيت

ملقتش البيت

ولا حتى عرفت أفضل برا!

ديوان الفاتورة

"التموين"

كان..

قالع عودُه الأخضر جمب الباب

لابس تكشيرته

ماسك في إيديه ولاعة أصيلة مبتسيبهوش

بتراعي حقوق كيفُه وجيرته

وفـ إيده التانية سيجار تلفان!

يحضرني الآن..

مشهد من "آسف ع الازعاج"

ومفيش مونتاج هيقص المشهد دا علشان!

الكل نسيم..

والمشهد محفور فِـ دماغنا..

عايشين في القطر اللي اسمه الدنيا ومبنوصلش..

فِـ محطة العمر يفوتنا عشان.. الشغل هلكنا

ومحطة الحب يفوتنا عشان.. العمر فلتنا

ومحطة نعيش نتمنى.. حياتنا!

ومحطة القطر بذاته يدوسنا وميشوفناش!

نورا عايد

قالعين الجلد اللي مدفينا... نبيعه فِـ سوق الدنيا بلاش!

الواحد في العشرين لسه!

وتشوف الشيب واخدُه مخالفة

العين سالفة من الشمس شعاع

والليل مصاحبنا وماشي في روحنا دراع فِـ دراع

والعمر خَضارُه معادش خَضار!

الضحكة الصافية اللي بتطرح في الأرض أمان..

اتقلبت دمعة ونفس الأرض

اتقلبت بور!

بنعيش نتمنى نشوف النور

بنعيش نستنى يجينا الدور... علشان يدينا الفرصة نعيش!

وفي ظرف مفيش.. بهدوء بنموت!

زي التموين

أرقام بتزيد....

أرقام بتقل!

بنعيش ونموت جنازات فِـ الضل..

ومحدش بيحس وفاتنا..

وأنا قلبي أبو عِقدين وضفيرة

بقا حاطط رجله على السبعين!

ومخبي الأحلام فِ ضلوعه..

بيطالبوا يشوفوا النور مرة!

وأهو بعد صراع وحروب ومناكفة مع الأيام!

لساه على أول عتبة فِ حضن الليل..

ومشعلق رجلُه ما بين حاجتين

لا أهو جوا ومستور م الضلمة!

ولا قادر يخرج يوم برا.

"لعبة الأيام"

بتغمي عينَك ليه! أنا جرحي مش ظاهر

الجرح لو في الروح يكون أقوى

قولتلَك لو توهت كون.. مأوىٰ

قولتلَك لو ضيعت.. تلاقيني

توهت فيك طال الوجع عيني

خلاني أعاند قدري وأصرخ "لأ"

قولتلك لو واقفة زوّد دَق!

وإن لمحت جروحي خيطها

ذكرياتنا الحلوة ليها زمان..

عيني طول الليل تعيطها

والسنين عَ القلب تستقوىٰ..

الوجع لُه غمزة بتلاغي

قلبي عيل.. مش هترأف بيه!

خفافيش بتنهش فِكري فـ دماغي

ماسكة عقلي وحالفة تِلبَد ليه

عيني فيها قطع صارله سنين..

كنت دايمًا بجري وبخبيه

كلب خوفي الليلة بقا مسعور..

عض قلبي وكان بينهش فيه

لعبت الأيام على المشاريب..

دفّعتني المُر بـ أسكر بيه

والقدر كان بصلي بشفقة

حزني ماسك قلبي وبيلويه

بس عيني الليلة كدابة!

الدموع من مُدة متسابة..

جف دمعي، مش قصدت أداريه!

قولتلَك 100 مرة مش فارقة

السما دي سودا.. مش زرقا

والسنين مش قاسية دي الأشخاص

والحياة مش وحشة.. دول ناس

وأنت خايب قولتلي:

ـ أستنى

عشمي خدني وقلت مؤمن بيك

كان عشم إبليس ينول جنة.

"الإنسانية الخام"

سمعًا وطاعة..

كان صوت جناب المتهم بالخوف ليلتها

لما فز الليل وقاله:

_ إوعاك تنام

إوعاك تشاور للهزايم لما تيجي تهز طولها

تقولها:

_ امشي لـ بعيد

وأنت البعيد اللي ملوش.. غيرها!

في حاجات كدا

أحسنلنا نؤمن بتأخيرها

زي انتظار العوض وسط السنين العاق

زي الأمل

لو جه يشق طريقه لضلوعك.. يخاف!

وإن جيت تهوّب سِكّنه يهرب أوام

زي التئام القطع في عينك من سنين

وأنت الغبي.. فاكرُه التئام

ومهوش كدا

دا بس مجرى عينيك يا خايب، دمعه جف

زي انتظار التجربة لو يوم تطبطب

أو تمد إيديها مرة بـ حضن هيّن مش بـ كف!

كهربت ليه السكة لـ إيديك الليلادي

وطفيت عينيك الساكنة عواميد الإنارة

وإديت إشارة للسما، تفرد جناحها

مبقتش بتخاف الليالي السود؟

مبقتش ليه الليلة دي موجود!

وكأن روحك في السما بتطوف هناك

وكأن قلبك عَ الفضا شباك

في مساحة فاضية بين ضلوعك

لو يهل الليل بتوجع قصد فيك

وتسيب أثرها في جتتك.. خذلان!

ساكت عشان.. خايف!

خايف عشان.. إنسان

والإنسانية الخام دلوقت بتعور

وبتقتل الطيب

وبتنصر الظالم

وبتظلم الشجعان

وعشان كدا.. لو قلت يوم

سمعًا وِطاعة!

هتعيش حياتك كلها خايف

وتموت إذا حبيت تكون إنسان..

ديوان الفاتورة

"صاحب الكل"

الوقت دا أنسب ميعاد علشان أغيب

من غير كلام

أو توديعات

من غير حاجات تحيي الحنين جوايا

وأرجع عن قراري

وبدون قصايدي..

وانكساري الشوم!

وبدون ما أجيب اللوم على الأيام

وعشان كدا..

من غير سلام..

بضرب برجلي الباب وأهِج..

وأرمي الحياة ورا ضهري وأنا بقتل فضولي

مبقاش بيشغل بالي شيء

أو طريق

ولا قلبي بيأمن لحد يكون صديق

ولا عندي أي سؤال بـ "ليه"

ومعادش فارق بكرة جاي فِ إيده إيه

ولا عمري هستنظر حلول!

أو حتى هسأل إيه العمل..

إيه اللي ممكن يدي للميت أمل..!

على إيه هتبت فِ الحياة.. وأنا بين بينين

معرفش آخر سكتي.. هوصل لفين

معرفش كل البرد دا.. هيكون علاجه فِ حضن مين

معرفش ليه قاسية السنين

والناس مبتشوفش القلوب!

ولا حتى بتحس بتحس الحقايق

الوقت دا كل الحاجات الحلوة.. نايمة

وحزني فايق..!

عمال يعاير فيا عَ الشيلة وحمولي

كان يعني ليه..

بضحك قصاد الناس، وأحزن هنا بطولي..!

دلوقتي مين هيصدق الحزن فِ عينيا

دلوقت مين ماسك إيديا!

دلوقت مين!

طالل عليا.. غير مخاوفي

"أسبرين"

دلوقتي ناموا الخلق تِمًّا جوا عين الليل

ومفيش ونيس يسهر معاه إلّاي..

يا هل ترى؟

مخبي إيه فِ جيوبه حزني الجاي..

والوِحدة جاية فِ إيدها مين..

معرفش ليه في الوقت دا حسيت

وكأني عايشة.. تحت تأثير الروتين..

والصحاب..

والبشر..

وكتير حاجات..

كل دولا مسكنات

أنا كل ليل بغرق فِ روحي..

وبتخنق..

معرفش أِئب

الإكتئاب ابن الكلاب..

عاملي سهرة وجاي جايبلي هزايمي لب..

أزأز وروق..

وحدك هتفضل كل ليل عمال تدوق

طعم الهزايم..

كله نايم..

وأنت حزنك صاحي بيعايرك وبس!

وأنت جرحك

نص نص

لا بيتقفل!

ولا يوم يطيب..

بتقول علاج!

ودا حزن إيه اللي تلاقيله طبيب

عايش عشان..

جمبك فلان

وعشان.. كذا

وعشان.. حياتك معجزة

وأنت اللي زيك مات كتير

الكل نايم..

واللي صاحي في جتتك عفريت لئيم

ملهوش ضمير

خبيت كتير

ديوان الفاتورة

بتداري ايه!

الحزن يفضح صاحبُه مِ الكسرة فِ عينيه

والوِحدة بتسيب الأثر عَ الخد

وأنت اللي زيك ضحكته عَ القد

عايش جبان

تضحك إذا صابك وجع

وتموت إذا طبطب عليك إنسان

خليك كدا..

عمال تسف مسكنات علشان تعيش..

تتجرح.. ومتتداواش

تتحضن.. وتقول بلاش

قلبي اللي متلصم في صدري

هينفرط

لو حد قرب ناحيته بشويش

تتوجع

وتقول مفيش!

تختفي

لو يسألوك الخلق مالك..

كل ما يزيد الوجع؛ تشغل فِ حالك

تتسحل علشان.. تتوه

بتموت عشان..

عايش كما

إنسان مصاب بالاكتئاب عمال يبلبع أسبرين

علشان..يقوم

والحزن مبيعرفش أبوه

عايش كما..

مجرم في دايرة مخبرين

وعساكر الأحزان جابوه.

"على قد الغطا"

قالوا زمان

ربك بيدي البرد على قد الغطا

وعشان كدا

مبقتش أحس دفايا في الأحضان

ولا في السلام بالإيد

ولا في الكلام بالعين

يمكن عشان!

كدب الحنين على قلبي من آخر زيارة

وقال سلام!

مبقتش هحرق ليك ضلوعك كل ليلة

يمكن عشان

كان بين عينيا وبيني.. توصيلة

ومفيش في قلبي أجرة السكة لهناك؟

ومفيش في إيدي غير.. قصايد

زي لُقم العيش

لو مرة باتت في الهوا وزادت صلابة..

زي الإصابة.. لما تتساب دون رعاية

زيي!

ماشية الخُطى وأنا قلبي مش موجود معايا!

في دماغي حكايات ياما كانت دون نهاية

في دماغي حكايات ياما.. كانت

في دماغي حرب ما بين الذكرى حية!

وشبحها لو ماتت وهانت

وآديني اهو

واقفة على باب الحياة

عمالة اخبط

وانتظر

وأطلب بـ ذوق!

عمالة أدوق جوع اللي مش في إيديه قصيدته

وإحنا اللي منا

ميمتلكش إلا القصايد.. بيت وقوت

كنز وياقوت..

إن يوم هيخسر يفتقِر

إن يوم هيخسر.. يفتكر! عهده اللي فات

والسوكسيهات تصبح كفوف تجلد في جسمه

يحرقه لو قالوا اسمه.. وقبله كان!

شاعر زمان

والليلة ماشي بدون ما يعرف آخره فين!

ربك بيدي البرد على قد الغطا

بس أما شاعر يسكنه برد القصيدة!

يجي وَحي دفاه منين..

"إيش جاب لـ جاب!"

إيش جاب لـ جاب!

متقولش زيي في الغياب علشان..

كلني الغياب أما أنت شافك! تاب

حضرة جناب الشوق بذاته

عمال يمد لسانه ويغيظني بعينيك

وأنت السنين ماسكة فِ إيديك وبتسندك!

عمالة أعوم وأغرق وأتوه

وأنت الليالي بتنجدك..

معقول نسيت!

لجلك هجيت الوقت وإمبارح وبكرة

مملكش فكرة غير.. وجودك

الوقت! عمال ينازع فيا ويزود برودك

شيفاك بتقسى!

وإمبارح ابن الخوف وأيام الحنين

مبقتش فاكرة

صاحبك الشوق.. ساب إيديك

صاحبك النسيان..

وبقيت بتنسى

وبكرة مش طيب نهائي

ولا عنده رحمة

زحمة الحياة جوايا بعدك!

ودماغي زحمة..

مليون مكان جوايا لكن! كلهم ميجوش مكانك

سيبت الصور تجلد ضلوعي

والحنين يعميلي عيني

والغياب! ينهش في لحمي.. وأقول.. عشانك!

مقدرش أجرب سكة النسيان!

مقدرش أسيبك جوا مني عشان

قتلاني غيبتك عني من برا

مش قادرة أكمل في الطريق دا خلاص!

مش قادرة أكمل.. بس مضطرة.

مقدرش أقول للدنيا تمحيك من خيالي..

متقولش زيي في الغياب.. علشان!

مبقاش يزورك بعد مني الشوق

لكن ساكني .. زي ما بتسكن فـ بالي

وآديني أهو

عمالة أنادي الدنيا ترميلي ابتسامتك

عمالة أجمّد قلبي لجل يشيل أمانتك

مش قولتلي!

إياكي يوم ترمي اللي بينا للسنين

وتسيبي قلبك للزمن!

دلوقتي أنا عايشة بوجع

عمال ياكلني وبدفع الأيام تمن..

ولا طالني منك غير عذاب

إيش جاب لـ جاب!

متقولش زيي فـ أي شيء علشان

قلبي ابن شوق..

أما أنت قلبك.. تاب!

"الضريبة"

مبقاش فارق..

لا أهي أول مرة الواحد يصبح قلبه حزين

ولا أول سين.. ملهاش إجابات

ولا أول خبطة تسيب علامات

ولا أول " فات"

أحلام وشعور وحاجات بتفوت

والدنيا بتكمل بعديها

لا الواحد دون أحلام بيموت!

ولا برضو بيتعايش ليها..

قرارات.. ندبات!

بتقرر حاجة عشان ترتاح..

فـ تكون الندبة اللي تشوه؛ وتكمل متعاير بيها

مبقاش فارق..

مش أول مرة نروح سكة!

ونتوه عن روحنا في خطاويها

وأنا قلبي ضلالي.. وطبعه عنيد

يحزن.. فـ يزيد تفكيره في ليه.. وإزاي!

يصبح.. نساي عن طعم الضحكة اللي تداوي

ويبات غاوي الحزن وسيرته

ويبات ملهوش أصحاب غيره

يدفع من لحمُه ضريبة سير عَ الخطوة العرجة اللي في سيرُه

علشان كسرله الحزن رجوله بدون رحمة

ومسابش طريق واحد مفتوح

حتى السموات.. باتت زحمة

يدعي..

فـ تتوه الدعوة في سكتها متروحش لـ فوق!

وإن خانه المشي بتقل الشيلة وقال يرتاح

يقعد..

فـ تشده حبال الحزن يموت مشنوق..

ومهوش فارق!

تدفع برضاك للدنيا ضريبة أي جِميل!

أو تاخد منك كل جَميل وتقول بالذوق..

وتسيبك واقف وحداني..

ولا ليك سكة

ولا ليك قرارات

ولا قادر تخطي في أي طريق

لا الفرح صديق

ولا حتى الراحة بتتساهل

والخوف مبقاش أمره في طوعك

بتسيبك عريان العيشة، والموت خرابيشه على ضلوعك

ومفيش مخلوق يقدر ينطق ويقول عيبة

إن دوقت الحلو..

هتدفع باقي سنينك مُر..

إن شوفت الوش اللي بينفع..

هتشوف أضعافه الوش اللي بيأذي وبيضر

إن شوفت النور..

هيموت النني في عينك سعر!

وإن دوقت الحزن هتدفع باقي حياتك شعر

حتى الأحزان.. ليها ضريبة!

مبقاش فارق..

لا الحزن بقى بيوجع روحنا

ولا حتى الخوف سيرته مصيبة..

بنعيش فاضيين الروح والذات

ندفع... فـ حاجات

ندفع أوقات

ندفع، وإن مات القلب بنفضل ندفع بعد الموت

وآدينا أهو

علشان نصبح لو يوم في سلام

بنقطع روحنا لُقم للدنيا إن طلبت قوت.

ديوان الفاتورة

"الأفيش"

أنا وقلبي

ما بيننا حروب كتير جِدًّا مبنخوضهاش

مفيش داعي!

بيكسب أول الجولة بدون مجهود!

بدون ما يكون لـ عقلي وجود، بيحسم أمره ويقرر

تخيل عمري يتكرر وأشوف نفس السيناريو إياه!

أكيد عمري ما أكون حباه

خسرت كتير

تعبت أكتر!

حياة بتغتالني لما أكبر؛ كأني... مفيش!

كأني لا شيء..

كأني طريق مفيش في نهايته أي وصول..

ولا آخِر

غريب العالم الساخِر

ملاعب قلبي على نبضُه

ملاعب جيبي على قبضُه

ملاعب روحي عَ الأيام

غريب وضع الحكاية العام! ملوش معنى!

أنا وقلبي!

مفيش في الدنيا دي سكة بتجمعنا..

عشان قلبي

حنين لما بيحب الحاجات ويهيم!

غشيم لو جه عليه حظي

ومتهور

ملوش مَلكَة

وبيجازف، وبيغامر، ميختارش السكك سالكة

وبيكمل!

ويتمسك..

وبيحارب

يعيش طول عمرُه في تجارب ومش بيمل!

وأنا مليت

من الأيام وقسوتها!

من الحواديت وقفلتها

من الأشخاص وفُرقتها

من السلامات!

ديوان الفاتورة

من الجاي اللي مش عوزاه

وحربي إني أنسى كل ما فات

من العلاقات

من الأشواق

من الحب اللي آخره فراق

من الصُحبة اللي مش بتدوم

من الكوابيس في عز النوم

من الرعشة اللي في كفوفي

ومن خوفي..

معادش في حيل عشان أجري، وأحارب قدري وظروفي!

أنا وقلبي!

مفيش بيننا اتفاق أبدًا؛ ميشبهليش!

بيقتل فيا يوميًا..

وأنا يومي!..

محاولة عشان أعدي وأعيش

أفيش التجربة واضح!

وفاضح فيا سوء سيري

دعاية لحرب محسومة ما بين طرفين

أنا

وقلبي

مفيش خسران هنا غيري!

مفيش مَكسب!

مفيش حاجة..

سذاجة وضعف في التفكير

خانوني كتير.. وقلت يجوز!

وكان الأمر كله مُحال

بقالي كتير على دا الحال

مفيش قَفلة

حروب غفلة تعري ضلوعي جوايا

وتكشف قلبي تحت الشمس

وفجأة لقيتني بتحول.. لـ شيء مجهول

في عز الحرب ما هي دايرة

لقيتني بقول:

_ أنا استسلمت!

أنا وقلبي! ما بيننا عداوة من عمرين

ودايمًا أقول

_ ميشبهنيش

لكن بيننا في شيء واحد بنشبه بعض جدًا فيه

ديوان الفاتورة

جعلني ندمت..

وهو إنه..

برغم الحرب والنكسة وكل هزيمة ونهاية!

لا عمره في يوم هيتعلم

ولا اتعلمت!

مفيش فايدة..

نهاية القول

في نار بتبات سنين قايدة.. وتبقى رماد

ونار تحرق.. وتبقى جروح

ونار تكوي الجروح وتطيب وتبقى ضماد!

أنا وقلبي

مشينا السكة روح واحدة!

دخلنا الحرب؛ روح.. وتضاد.

"إيدين الشكوك"

ضحكت الأيام عليا، وبرقت ليا بشماتة

هو دا اللي خلاص كسبتي؟

هو دا اللي خلاص قويتي!

طب يمين بالله لأهدك.. يبدو بس إنك نسيتي.

وإفتكرتي الدنيا ضحكت

والزمن جايلك بخفة

بيجري وفـ إيده الأماني

كان غباء منك ولكن؛ طب وماله

عادي بكرة نعيد في نفس الدرس تاني

وأكسرك علشان أشوفك

وأنتي مهزومة ووحيدة..

السنين صعبة وعنيدة.. وأنتي وحدك

حرب إيه اللي تفوزي فيها وأنتي واقفة يادوب بطولك!

فاكرة نفسك.. إيه.. ومين!

دي الحياة لو يوم تنولك

بين سنانها هتمضغك زي العجين

وتحب طعمك لو نطقتي وقولتي" آه"

والسنين لو يوم تطولك

مش هتعتق فيكي حاجة

وليل نهار تقلبها ضرب

بصيت بغلبي للسما وناديت وأنا

ببكي وبقول:

_ عندك يارب!..

اجبرلي قلبي المرة دي..

وانجدني من إيد السنين

وأجعل الأيام تخفف دوس كعوبها فوق كتافي

عيشت بجري وقلبي حافي

والطريق كان كله شوك!

عيشت في إيدين الشكوك طول حياتي

مين رايدني ومين كارهني، ومين معايا

ومين كسرني وراح، وبكرة.. مين هيحلى إليه أذايا..

النوبادي الكف صعب!

رن جوا نفوخي دوغري، وصحى فيا حاجات كتير

صحى فيا حاجات قديمة

صحى فيا حاجات أليمة

صحى فيا جروح سنين

فوقت وأنا بضحك بوجعي

عشان يادوب فكرت إني...

ممكن آخد فرصة مرة أكسب وأعيش

والحياة واقفة ببجاحة تقول:

ــ مفيش

فاكرة نفسك إيه ومين..؟

أنتي ولا كنتي في زمانك

أو هتبقي فِ مرة بكرة

أنتي نكرة

حتى مش معروف ملامحك

مِ العياط ومن الأنين

فاكرة نفسك إيه ومين؟!

أنتي حتة ورقة ديساها السنين.

"المقص"

أهرب لفين..؟

لا العين بتلمح في الطريق سكة وصول

ولا رجلي قادرة على الخُطى

ماشية الطريق متلخبطة..

وأنا قلبي الأعرج.. كل وقعة ألاقيه يزُك

وإن مرة حاول يتسند على أي ذكرى.. توقّعه

كل أما يلمس طرف باب..

ريح القساوة بترزعه..

ملهوش صحاب..

يحكي في وجودهم حس إيه

ولا عنده أهل إن جت عليه الدنيا يوم تسمعه..

أنا

وقلبي

والكام ندبة اللي أنا عرفاهم

واللي مشافهومش بشر غيري!

والحزن

وحظي

وسوء سيري

والسمعة السودا في سوء الجري على الأحلام

مبقاش في إيدينا إلا التنهيد!

والبكى ع القد

مبقالناش في الدنيا دي حد..

مجبورة عينيا على الشوفة

وعمودي الفقري اللي أنا سمعاه

مع كل محاولة لـ قوم بيطق

مجبور ع الـ آه..

الـ آه الحقيقة اللي بتوجع، مش عكس الـ "لأ"

علشان التانية ميعرفهاش..

ولا داق طعمها ولا شم قبول!

يحلم.. ما يطول..

يصبر.. مينولش

وإن داست رجل الدنيا عليه.. يسكت ميقولش

يشبط في الفرحة ويتمسك

ويحول صدره لمسرح عالي

ويفرش أرضه براحة بال

ويخلي حبابي عينيه..

ترقص زي عرايس بـ أحبال

والدنيا الظالمة أرق مثال يوصفها.. مقص!

تقطع جدرُه

تنحل ريشُه

تعصر في ضلوعه إن يتنفضوا وحاولوا يعيشوا

وتقوله مفيش!

أرجع بشويش..

لملم حالك؟

متقولش إن سألوا في يوم مالك

غير.. كله تمام

وإن كنت مصدق بالأحلام.. يبقى خسارة!

هتموت ناقص حلم وعيشة

على إيد الدنيا.. الجزارة

وهتمشي بدون ما تسيب في الكون

أي علامة...

فاشل

مهزوم

عشرين سنة وفوقيهم واحدة

ماسك في إيديك طيف الوحدة

وما عرفت تقوم

وعشان كدا جرب م الأول

واجري بدون ما تبص السكة آخرها لفين

وبدون ما تحاول تعمل زوم..

يا تموت مِ الجري بدون آخر

يا تحاول مرة أخيرة تعيش.. وتموت موهوم.

"سوء حظوظ"

النوبادي..

شقشق النور برا لكن؛ قلبي متلبد غيوم

كتفت رجلي الأماني، كل ما أخسر بنكسر

مقدرش أقوم...

معرفش ضعف إرادة، ولا الخوف حاكمني!

يمكن دا حظي وعادي يعني

ياما شوفنا سوء حظوظ!

بس اللي مش مفهوملي ليه؟

كل أما بدخل حرب وأخسر..

تبقى الخسارة فِـ إني أفوز!

تتكشفلي الكدبة لكن..

أتكسر على إيد "حقيقة"

كل ما آخد نفسي بتعب

وكأن روحي فاضلها ع الموت.. دقيقة.

فجأة الأمل..

يفتح ضلوعي كأنه فاتح شيش

ويزق ضهر الشمس غصب لجوا مني

ويبص ليا ويبتسم ويقولي:

ـ جمبِك

متخافيش..

بتمد إيدك ليا ليه!

صدقني أنا مش حابة أعيش

معرفش ليه يادي الأمل عمال تجيني

بيني وبينك.. كل شيء إلا إني أصدق

إن المسافة هتتمسح بينك وبيني

قلبي الغبي..

مفهوش مكان يقبل يشيلك سِرقة فيه

معرفش ليه..!

لكن يجوز مليت أصدق واتخدع

مليت أشيلك فيا وأخسر فِ النهاية

كل ما أدخل حرب بخرج قلبي مش موجود معايا

وعشان كدا

كان أولى أصدق خلق قبلي كتير قالوها

الدنيا مبتعرفش أبوها..

وقاسية

ولا يمكن تلين

كان أولى أمد إيديا وأقفل قلبي عافية

بس النصيب..!

خلاني أسيب رزعة بيباني.. للسنين

علشان أصدق وقتها

إن الحاجات مش كلها حلوة وجميلة

وإن الحياة بـ إيدين طويلة

بتسرق الأرواح وتجري

كان لسه بدري

ويأسي لسه كتير عليه..

واللحظة دي.. مش يأس؛ لكن!

كل اللي شوفته من الحياة علمني أخاف

وأقفل عليا الباب عشان

مضمنش لو صدقت أملي فِ كل مرة هيحصل إيه.

"أعراض انسحاب"

قلبي زعلان النهاردة!

والنهاردة كل يوم..

دا اعتيادي..

وجعي والأحزان دي عادي...

دول ضريبة حبي للأشخاص بذمة

وامتناني

والضريبة الأقسى هي..

كل مين سكّنته فيا..

وعاش يكسرلي فِ حيطاني

عايش يخبط بين ضلوعي.. وسابلي قلبي ازاز مكسر!

كل ما أكبر ساعة.. بخسر!

قلبي مش مبسوط نهائي

كله كان ناتج غبائي..

كنت بفدي بروحي ناس، هما أكتر ناس أذوني

كل ما أضحك تفضح الأحزان عيوني!

والنوبادي معادش نافع

خوفي دافع

لجل أسيب الدنيا، وأمشي بدون ما أفكر

كل ما أكبر

بخسر أكتر

كل ما أخسر

بكبر أكتر.. لما قلبي بجرحه شاب!

زيي زي وحيد فـ غربة

خدها زحف وفِ النهاية مطالش باب

روحي كانت..

شُرّاعات مفتوحة للطير لو يشاور

قلبي كان مليان مناور..

واللي يسكن فيه يقيد..

في النهاية الحزن كلني!

إمتا طالني، وإمتا كانله فـ مرة إيد!

مش سعيدة بحالي دا ومحال!

قلبي كان مَالِك صبح رحال..

كل يوم بيزور بشر تانية!

كل مرة يقول خلاص هرتاح..

يهجروه ميكملوش ثانية.

قلبي زعلان النهاردة..

والنهاردة..

زي بكرة..

زي باقي العمر..أوكرة

بتفتح الأحزان في روحي

كل حد وقفت جمبه

وكنت ضهره

كان في ضهري مشمت الدنيا فِ جروحي

كان أناني!

كل حد إديته إيدي وقلت مني

سابها علشان حد تاني

أو لقاني يادوب بديل!

أو فشلت أكون كفاية!

مين فضلي

ومين في يوم كمل معايا!

غفلتني الدنيا...مسابتليش محاولة

كعبلتني السكة ياما

وياما عيشت سنين مزوالة

بس قلبي خلاص معادش!

كل شيء كان باقي.. أملي!

وقلت أجرب!

بس أملي كمان مفادش

برضو خاب

النوبادي الدنيا أضيق مِ المساحة الباقية فيا

واللي باقي فـ قلبي حيطة وحيدة مايلة

وجرعة هايلة...

من القساوة...

وم الغياب....

كل دي ندبات مماثلة

للفتور..

والاكتئاب..

أو يجوز الليلة قلبي خلاص.. مقرر

واللي حاصل كله.. أعراض انسحاب.

"الفانوس"

معادش الصبح فيه النور!

بيشبه كل ليل بايت... ملوش بكرة

مطوّل عتمته وسارح..

كأنه ضفيرة متقصتش من عمرين..

كأن الصبح ڤاترينا

وحق الفرجة بالملايين..

ومين يملك على دا الحال.. ينول بَصة!

ومين يملك.. يعيش مرتاح!

كأن الدنيا وقفالنا ف إيديها سلاح...

ودي الحرب الأخيرة خلاص

وكل الخلق هيموتوا!

ولازم تنتهي السيرة..

كأن الدنيا بتعادي الفقير قصدًا

وتكسر فيه وهو معوش

تمن تجبيس ولا جبيرة!

ميملكش إلا أمله الجاي في كل نهار!

وحتى نهارُه مش موجود

بقينا في ليل مبيقيدهوش ولا شمعة!

مفيش في الإيد

سوى لمعة..

بتظهر غصب من دمع العيون السود!

بتظهر قهر.. وقسيّة

وحيد في جزيرة منسية..

وعايش ليلُه بيصدق أمل كداب

ويحلم قال ببكرة الجاي بيندهله

وهو بيجري يفتحله

ويصحى عشان مفيش ولا باب!

كأنه كابوس..

كأن الشمس محبوسة ومتعلق بدالها فانوس!

مبينورش..

إيدين الليل تقال جدًا، وإيد الدنيا عندية

مبتهزرش..

وحظك.. هو جلّادك

فقير العيشة في بلادك

عشان مُلاكها ناس تانية فِ إيديها فلوس!.

ولينا الموت..

معادش القوت فـ إيدنا نجيبه يوميًّا

يادوب بقا يجي فِ الأعياد!

ويجي بـ كسرة وإهانة

كأن الضحكة عز الهم دا خيانة..

لنفسك

ولـ حاجات تانية..

كأن الصبح قطرُه خلاص بيفلت منّا على ثانية

وآخر فرصة لحياتنا مبنطولهاش!

بندفع عمرنا بحاله عشان نلقاه..

ويجي الليل بـ لا مبالاة يقول:

ـ الصبح مش ببلاش

"الممر"

افتكِر

كان النهار

أسود كتير من نن عين الليل..

كان البراح

أضيق مكان بيساعني في الملكوت

كان السكوت..

عمال بيطرد فيا لـ ايدين الكلام

وأنا..

لا قدرت أقول..

ولا عارفة أصدق.. أي شيء..

والخوف..

بينهش معدتي وكأنه صايم من زمان

والحزن..

مش صاحب جبان، علشان يغيب ويسيب إيديا

كان إن يطولني الليل بطولي.. يجمّع الأحزان عليا

مش جدعنة.. جرح وصراع

حتى الصداع

عمال يعافر لجل يدخل راسي يتمشى بهدوء

وكأن جسمي اللي انقسم بين..

عاش ومات

صالة..

ممر..

سكة.. إن مشوها الخلق، الناس هتتبدل..

يتفاخروا بأذايا

حتى اللي باقي في قلبي مِ الأيام... مبقاش معايا

راح

وانتهى!

كات هي جملة وقولتها من يومها وأنا بدفع كتير

صدقت ليه!

وآمنت ليه!

عشمت ليه قلبي العبيط

بالدنيا والأحلام وتحويلها لحقايق

وضحكت ليه وشاورت للأحزان تروح!

ودعت روح..

كات خايفة دايمًا م الحياة

وخسرت روح.. مقالتش لا

ولا عمرها خافت في يوم..

مبقتش فاكرة حقيقي طعم النوم

أو أمتا آخر مرة نمت

بدون ما أفز وأفرّج الأيام عليا

رعشة إيديا.. مش إصابة.. دي عجز!

قلبي مبيدقش أمل.. بيدق نغز

حتى النفس!

بدفع عليه مليون ضريبة عشان يفوت بسلام

يادي الليالي أم الأيادي رخام

خفي على ضلوعي الحزانا

ومتضربيش بالقسوة دي

ومتأذينيش وتسيبي روحي فـ برد

ومترميليش صبار فـ أرضي الورد

متبوظيش تعبي وشقايا

وتهدي فوقي اللي اتبنى فـ ظروف عجاف

خلينا متفقين نقول..

مبقتش بخسر

أو بطول!

ولا حتى برضو بقيت بخاف

وبقيت كده!

عمالة أبص وأملّي عيني وأقول:

ـ جميل

وإن تضربي.. مبقتش أميل..

وإن ترمي فوقي.. أنا مش هشيل

وإن تكرهيني.. أنا يعني مش عاشقة وبدوب

الناس بتهرب مِ الجروح

وأنا عايشة أصاحِب فـ الندوب

وأديها اسم..

وأديها درس..

وأديها علامات.. أو إشارة..

وعشان كدا خليني أقولك حاجة واحدة وبس:

ـ متعاندينيش...

الناس بتهرب م الوجع

وأنا وحدي بفرح بالخسارة.

يمكن برغم كل الضرايب دي أنا أوقات

بعرف أقوم وأحاول،

وأخد حقي غصب من عين الليالي السود.

وأرجع أخسر بعدها بس مش مهم

إحنا اتخلقنا عشان نحاول ومنفقدش الأمل.

"الليالي السود"

هِنا

من وسط حواديت القهاوي عن الحنين

وعن الفراق

وعن السنين لو فجأة تنويلك سباق

وتجر رجلك للحروب

وتجرّي قلبك عَ الكعوب

وتسيب إيديك فِ التجربة بطولك

تفضل تعافر دنيا...بتطولك

وتهد فيك

من عُقر دار اللاشعور..

بكّيت عيوني الليلة ديّا عليك.

وأنا كنت ليا كتير أوي.. زي الحجر

لا يهز روحي الشوق

ولا ليا عين للبكا

ولا فيا قلب يخاف!

بكّيت عينيا والحنين شوّاف

لمح الدموع قام جاي جري بدون إشارة..

حتى الخسارة الليلة ديّا كمان

كانت كما..

غول الغابات القحط فِ انصاص الليالي

عمالة تنهش فيا لجل تسد جوعها

والسما مبقتش تسمع ليا زي زمان

بدعي وأنا..

بمسح على حجري الوفي..

يلحق دعاوي القلب فِ وقوعها

كان مالي أنا بالسكة دي

أنا يعني يوم ما هخيب وأحن

يبقى الحنين على قلب ناقص بين ضلوعي!

تبقى الليالي بتنتشي على صوت وقوعي..

والليل يبرّق ليا لو خبيت حنيني!

كان ذنبي إيه!؟

قلبي اللي قَلَب الكفة بالموازين عليه

ومكانش ليا إيد في حاجة

لا اخترت يوم أهجر طريق

ولا سيبت في المسافات بشر..

ولا وعد واحد حتى موفيتهوش..

كان ذنبي ايه!

ينده عليا القلب.. معرفهوش!

دي مش أنا..

مش واحدة زيي اللي السنين تقلع جدورها

ولا واحدة زيي اللي الوجع هيطفي نورها

ولا واحدة زيي من الأساس..

بضرب بـ فاس الانتظار أرض التعافي

وأزرع بذور التجربة ورد فِ كتافي

عشان أعيش

من قلب قواميس الـ "مفيش"

وجرايد الحرمان..

بهرب عشان!

مفيش مكان للمستحيل يسكن في أرضي

واقع جناب الخوف فِ عرضي

وعشان أنا بنت الحكاوي الظالمة

والقلب البريء!

فكيت لجامه وسيبته يرمح في الليالي السود..

أجبرته يعرف إني ثابتة وليا حدي

وقدرت أواجه كل حزن مكانش قدي

وقدرت أحط النقطة آخر كل سطر

مش واحدة زيي اللي إن تفوتها محطة.. تبكي

أنا لو تفوتني محطة هصنع ليا قطر

وهشوف طريقي وسكتي بهدوء

يمكن أنا..

مقدرش أعوض قلبي عَ الحزن اللي صابه

ولا حتى أرجّع عمري لسنينُه القديمة

يمكن كمان لو جالي كاس فيه الغنيمة..

م التعب.. مقدرش أدوق!

ويزورني طعم الموت بدالُه كل ليلة

بس اللي بعرف كل وقعة أقدر عليه

إني إن هزمني العمر .. أفوق.

وأرجع جميلة..

ختامِا.

رسالة من قلب مملش محاولات

لقلب خايف من أول محاولة.

"لو هتعايرك عين الدنيا بحاجة.. أخسرها."

" عين الدنيا "

لما يضيق على قلبك.. قلبك

لما تبات والخوف بيطالبك.. تدفع تمن النوم في عينيك

لما تزور الرعشة إيديك!

والأيام متسيبش قساها

تفضل تجلد بس فـ روحك

تاخدك منك! وأنت معاها

يبقى ساعتها تقول الآهة.. بحزن وحق!

يبقى ساعتها تقول للدنيا كفاية..ولأ..

يطلع حِسك

لما إيدين الحزن تِمسك.. إبقى اكسرها

لو هتعايرك عين الدنيا بحاجة... اخسرها

لو على روحك! عادي قدرها..

لو على قلبك..

امشي لـ يمشي ويصبح غالبك

يومها هتطلع شكلك إيه!

واحد ماشي وسايب قلبه وجارر روحه وراه في إيديه!

طب على إيه..

إيه في الدنيا بحالها تجازف لجل تنوله..

إيه يستاهل!

صعب الواحد يفضل جاهل عن حقيقتها..

فانية ومهما تعبنا وشوفنا..

مش هننول ولا شيء يرضينا!

مش هنفوز..

يبقى خلاص..

لما يضيق على قلبك.. قلبك!

افضل حاول

لما تبات والخوف بيطالبك..!

رد مطالبُه..

لما يقرب ليك الحزن...! قص مخالبه

لما تشوف الخوف بينادي.....!

قوله تعالىٰ

يمكن يلمح نفسه العالة

ياكله كسوفه ويمشي بعيد

بس أكيد!

إن الدنيا هتفضل برضو تلاعب فيك

وأنت هتفضل رغم الدرس

فـ آخر الكادر يادوب أراجوز..

طبع العيشة..

مهما هتقسى!..

برضو هتنسى

مهما تحاول..!

مش هتفوز..

لو في إيديك الفرصة.. سايرها

يمكن يبقى محالها.. يجوز.

تم بحمد الله.

المحتويات